Charles-Hubert Lavollée

Politique
de la France en Asie

Politique

Le code de la propriété intellectuelle du 1er juillet 1992 interdit en effet expressément la photocopie à usage collectif sans autorisation des ayants droit. Or, cette pratique s'est généralisée dans les établissements d'enseignement supérieur, provoquant une baisse brutale des achats de livres et de revues, au point que la possibilité même pour les auteurs de créer des œuvres nouvelles et de les faire éditer correctement est aujourd'hui menacée. En application de la loi du 11 mars 1957, il est interdit de reproduire intégralement ou partiellement le présent ouvrage, sur quelque support que ce soir, sans autorisation de l'Éditeur ou du Centre Français d'Exploitation du Droit de Copie , 20, rue Grands Augustins, 75006 Paris.

ISBN : 978-1719480826

10 9 8 7 6 5 4 3 2 1

Charles-Hubert Lavollée

Politique
de la France en Asie

Politique

Table de Matières

Politique de la France en Asie

Il fut un temps où la France était puissante en Asie; son drapeau, glorieusement tenu par de vaillants officiers de fortune, était respecté et invoqué par les populations de l'Hindostan ; ses navires de guerre, répandus sur les mers orientales, convoyaient les riches escadres de la compagnie des Indes; son prestige était si grand que, du fond de l'Asie, les souverains envoyaient des ambassades à la cour de Versailles, étonnée de recevoir ces lointains hommages; ses missionnaires étaient partout, dans l'Inde, à Siam, en Cochinchine, à Pékin, même au Japon, et partout, en propageant par d'héroïques travaux les lumières de la civilisation et de la foi chrétienne, ils propageaient le nom et l'influence de leur patrie. On a vu des capitaines français à la tête d'armées indiennes, des mandarins français en Cochinchine, et cette pléiade ou plutôt cette dynastie de pères jésuites qui, sortis de nos séminaires, allaient occuper à Pékin, dans l'orgueilleux palais des empereurs de Chine, les plus hauts emplois. Que reste-t-il de toute cette puissance? Quelques coins de terre sur lesquels plonge le canon anglais; les noms de quelques héros, Dupleix, Bussy, Suffren; les pieux souvenirs que réveille l'histoire des missions catholiques; des traditions, glorieuses sans doute, mais déjà bien vieilles et trop longtemps demeurées stériles. Pouvons-nous aujourd'hui, avec cette poussière du passé, reconstruire l'édifice de notre ancienne grandeur en Asie? Napoléon y avait songé : c'était un des projets, un des rêves de sa jeunesse. Lorsqu'il posa le pied sur le sol de l'Egypte, ses regards, franchissant les espaces, étaient fixés sur l'Inde. L'Orient l'avait séduit. L'Egypte n'était point seulement à ses yeux une future colonie destinée à ouvrir au commerce français les marchés de l'Asie, c'était aussi, comme il le déclare dans ses *Mémoires*, une place d'armes d'où la France pouvait un jour porter une armée de soixante mille hommes sur l'Indus, soulever les Mahrattes et ruiner la puissance de l'Angleterre. A ces vues politiques se joignait sans aucun doute ce vague instinct du merveilleux et des choses grandes qui se retrouve toujours dans les vastes préoccupations du premier consul et de l'empereur. Les événements européens ne laissèrent point à Napoléon le loisir d'exécuter ce qu'il avait conçu; mais de nombreux documents attestent que, même au milieu des champs de bataille et dans les capitales conquises, l'Orient, qu'il avait entrevu dans sa jeunesse et à l'aube de sa puissance, était demeuré présent à son imagination. Sa politique à Constantinople et la mission qu'il envoya à la cour de Perse en font foi. L'empereur pressentait que l'activité du génie européen devait prochainement se porter vers l'Asie, que les colonies orientales allaient devenir un élément considérable de l'équilibre européen, et que la France regretterait vivement un jour la perte de ses territoires et de son influence dans l'Inde. C'était une pensée juste, et il n'est pas sans intérêt d'examiner si cette pensée peut être utilement reprise au temps où nous sommes, en présence des concurrents qui nous ont devancés ou supplantés dans les régions asiatiques.

L'Angleterre tient en Asie le premier rang. Par Aden, elle garde l'entrée de la Mer-Rouge ; par Hong-kong, elle est au seuil de la Chine. Entre ces deux points s'étendent les vastes domaines de l'Inde, sans cesse accrus depuis le commencement de ce siècle par une série non interrompue d'annexions et de conquêtes, et défendus à leurs extrémités par des établissements militaires qui forment de l'ouest à l'est de l'Asie une ceinture de redoutables forteresses. Vainement a-t-on prétendu que cette puissance colossale repose sur des fondements d'argile. Une partie de l'Inde est, il est vrai, en pleine insurrection; l'armée du Bengale, après avoir massacré ses officiers, s'est tournée contre la domination anglaise, et elle a pu, durant quelques mois, arborer à Dehli le drapeau du Grand-Mogol; le royaume d'Oude, récemment annexé aux territoires de la compagnie sous l'administration de lord Dalhousie, est à reconquérir presque en entier. C'est la plus violente crise que la Grande-Bretagne ait eue à traverser depuis le jour où elle s'est établie sur le sol de l'Inde ; mais, dès le début, elle a tenu tête à l'orage : une poignée d'Européens, sous la conduite de chefs héroïques, a résisté glorieusement aux attaques des rebelles, et l'arrivée des premiers renforts a permis à l'Angleterre de relever le prestige de ses armes. L'issue de la lutte ne paraît point douteuse, et, quels que puissent être les incidents d'une crise passagère, l'Angleterre, demeurée maîtresse de la péninsule indienne, maîtresse d'Aden, de Ceylan, des ports birmans, du détroit de Malacca, de Labuan, de Hong-kong, ne saurait redouter dans les mers de l'Inde aucune compétition européenne.

Après la Grande-Bretagne, c'est la Hollande qui occupe dans l'Inde les plus vastes territoires. Sumatra, Bornéo, Java et le long cordon des îles de la Sonde, les Moluques, fournissent à son génie colonisateur un champ fécond habilement exploité. N'oublions pas dans cette énumération rapide le petit établissement de Décima, sur le sol du Japon. C'est en Asie que réside la véritable puissance de la Hollande; c'est de là que ce pays tire sa richesse, sa grandeur maritime et commerciale. Avant 1824, la Hollande possédait quelques factoreries dans l'Hindostan et sur la presqu'île de Malacca, tandis que l'Angleterre occupait plusieurs points de Sumatra et diverses îles situées au sud de Singapore. Les deux nations se trouvaient ainsi en contact, et il était aisé de prévoir un prochain conflit qui eût mis en péril les colonies néerlandaises et ouvert à l'ambition de la Grande-Bretagne les archipels de la Malaisie. Le traité du 17 mars 1824 a réglé cette difficulté en stipulant des échanges de territoires et en délimitant les points en-deçà desquels chacun des deux pays devait poursuivre l'œuvre de la colonisation. Peut-être la prise de possession de Labuan et le protectorat établi sur une partie de la côte de Bornéo devraient-ils être considérés comme une violation des engagements signés par l'Angleterre en 1824; ces tentatives d'agrandissement vers le sud ont provoqué les plaintes du cabinet de La Haye ; mais en définitive les colonies asiatiques de la Hollande forment un empire compacte, fertile, habité par une nombreuse population et destiné à un brillant avenir.

A l'est des possessions néerlandaises s'étendent les colonies espagnoles. L'archipel des Philippines couvre un espace de trois cents lieues du nord au sud et de cent quatre-vingts lieues de l'est à l'ouest, h comprend de nombreuses îles, dont la plus grande, Luçon, est entièrement soumise. Mindanao, Mindoro, Gebu, etc., ne sont encore occupées que sur quelques points de la côte. De ses domaines coloniaux, autrefois si vastes dans l'Inde, l'Espagne n'a conservé que les Mariannes et les Philippines, dont elle doit la découverte au génie de Magellan (1521). Il y a plus de trois siècles qu'elle s'est établie à Luçon et que Manille, capitale de l'archipel, a été fondée. La colonie a eu ses jours de grandeur et de prospérité presque inouïes. Pendant que le catholicisme, introduit par des bataillons de moines, se propageait rapidement dans l'île et soumettait à l'autorité temporelle toute la population indigène, le commerce et la marine exploitaient avec succès l'admirable situation du port de Manille, devenu l'entrepôt des marchandises de l'Inde et de la Chine échangées contre les piastres qu'apportaient de la Nouvelle-Espagne les fameux galions d'Acapulco. Ce fut seulement vers la fin du XVIIIe siècle que l'Espagne songea à tirer parti des richesses naturelles du sol de Luçon ; mais l'insurrection des colonies d'Amérique, ainsi que les guerres et les révolutions qui désolèrent la métropole, arrêtèrent longtemps tout progrès. Tandis que l'Angleterre et la Hollande agrandissaient chaque année le champ de leur activité sur les territoires de l'Inde, la colonisation espagnole demeurait stationnaire. Aujourd'hui encore sa marche est bien lente. Quoi qu'il en soit, la nation qui possède les Philippines est appelée à jouer un rôle important dans l'histoire politique et commerciale de l'extrême Asie.

Le Portugal, tout déchu qu'il est de son ancienne splendeur coloniale, conserve Goa dans l'Inde, Macao en Chine, l'île de Timor dans la Malaisie. Quand on se reporte aux temps d'Almeida et d'Albuquerque, aux expéditions glorieuses du pavillon portugais dans les divers parages de la mer des Indes et jusque dans les eaux du Japon, on ne peut se défendre d'un certain intérêt en voyant les débris d'une si grande fortune. Enclavé dans les possessions anglaises, Goa est aujourd'hui un anachronisme; c'est un monument du passé, une église en ruines. Macao, situé sur la côte de Chine, peut reprendre quelque importance à la faveur des événements qui s'accomplissent et se préparent dans le Céleste-Empire. Il en est de même de Timor, qui occupe une position avantageuse dans la Malaisie.

Voilà donc quatre puissances européennes qui, à des degrés différents et bien inégaux, sont établis dans l'extrême Orient : l'Angleterre, la Hollande, l'Espagne et le Portugal. Les États-Unis ne sont fixés nulle part, mais leur pavillon flotte partout. Les citoyens américains ouvrent des comptoirs dans tous les ports, leurs navires sillonnent toutes les mers; leur génie commercial n'a pas besoin de colonies coûteuses et souvent embarrassantes pour la politique des métropoles; il sait exploiter avec profit les colonies que d'autres ont créées et se faire partout une large place. Les États-Unis dédaignent le sol, mais la mer est à eux. Quant à la Russie, ce n'est point sans raison que les cabinets européens se préoccupent si vivement, depuis quelques années, du développement que prennent ses établissements militaires sur la côte de la Sibérie, de ses entreprises sur les rives du fleuve Amour, des croisières qu'elle entretient dans le nord de l'Océan-Pacifique, des démarches qu'elle renouvelle, sans se lasser, pour obtenir accès au Japon. Pendant les derniers siècles, la Russie ne se trouvait en relations avec l'extrême Orient que par la frontière de Sibérie, sur le marché de Kiakhta, et elle se contentait d'une sorte de collège installé à Pékin en vertu d'anciens traités et de vieilles habitudes acceptées par le gouvernement chinois. Aujourd'hui son ambition prétend à un rôle plus étendu et plus actif; elle a franchi d'un bond les déserts de la Sibérie et s'est placée en observation sur la côte orientale. Il ne faut point s'en étonner; cette ambition est très légitime, elle est nationale, elle est inspirée par les traditions de la politique moscovite. Rien de plus naturel que de voir le cabinet de Pétersbourg tourner son attention vers les points où se portent les autres nations européennes, alors surtout que ces points sont voisins de ses rivages, et que sa situation géographique l'intéresse naturellement aux destinées du Céleste-Empire et du Japon; mais il est juste aussi que les autres puissances prennent garde à cette Intervention d'abord latente, désormais déclarée, de la Russie dans les affaires asiatiques, et qu'elles tiennent compte de la concurrence nouvelle qui se produit. Pour l'Angleterre, c'est l'annonce d'une sérieuse compétition politique sur un terrain où la prépondérance britannique était depuis longtemps habituée à ne point rencontrer d'obstacles; c'est un grave sujet de préoccupations, sinon d'inquiétude. Pour la France, c'est un enseignement qu'il ne faudrait point dédaigner. Si le gouvernement russe estime que l'heure est venue d'étendre son action vers l'extrême Orient, et que cette région de l'Asie est en quelque sorte mûre pour l'Europe, on peut se fier à la finesse de son instinct : il y a là quelque chose à faire, et la France ne saurait se résigner à un rôle purement passif, sous peine de voir se déranger à son préjudice les éléments de l'équilibre européen; car plus nous allons, plus les intérêts des diverses parties du monde se rapprochent et se confondent. De même que la conquête de l'Amérique a assuré au XVIe siècle la grandeur politique et la prospérité matérielle des nations qui les premières ont couru cette lointaine aventure, de même aujourd'hui les idées et les convoitises de l'Europe sont entraînées vers l'extrême Orient, et l'influence est promise aux peuples assez habiles pour s'y ménager une place. On ne sera désormais puissant en Europe qu'à la condition d'être au moins présent sur tous les points du globe où les drapeaux de la civilisation se déploient, dans toutes les mers où la vapeur transporte les marchandises et les colons. C'est à ses colonies que la Hollande doit le rang qu'elle occupe en Europe. On pourrait presque en dire autant de l'Espagne. Combien serait amoindrie l'Angleterre elle-même, si la couronne des trois-royaumes cessait de compter parmi ses fleurons l'Inde, l'Australie, la Guyane, la Jamaïque, le Cap, et ces mille possessions éparses sous les différentes latitudes, comme autant de perles recueillies dans tous les océans!

Examinons maintenant les possessions que les traités de 1814 et de 1815 ont laissées à la France dans les mers de l'Inde. L'énumération sera courte : l'île de la Réunion, Mayotte, Nossi-Bé, Sainte-Marie de Madagascar; Pondichéry et Karikal, sur la côte de Coromandel; Yanaon, sur la côte d'Orixa; Mahé, sur la côte de Malabar; Chandernagor, sur le Gange. De ces divers établissements le plus important, quant à l'étendue, au chiffre de la population et au mouvement commercial, est la Réunion ; cependant cette île ne compte que 25 myriamètres de circonférence, et sa population dépasse à peine cent mille âmes; ses côtes ne possèdent aucun port où les navires puissent s'abriter sûrement; la valeur des échanges n'atteint pas 50 millions de francs par année. Mayotte, Sainte-Marie et Nossi-Bé sont des points presque insignifiants; l'ensemble de leur commerce ne s'élève guère à plus d'un million. Si la France songeait de nouveau à fonder un établissement colonial à Madagascar, les possessions que nous venons de citer pourraient présenter quelque intérêt, elles faciliteraient la conquête de la grande île; mais il ne semble pas que l'on pense sérieusement à entreprendre une telle expédition, qui coûterait beaucoup d'argent et beaucoup d'hommes, et dont le succès serait au moins très douteux. La Réunion et les points que nous occupons dans le sud de la mer des Indes sont donc à peu près sans valeur pour la métropole, soit au point de vue de l'influence politique, soit sous le rapport militaire, alors surtout que l'Angleterre est maîtresse du cap de Bonne-Espérance et de Maurice. Que dire de nos établissements sur le sol de la péninsule indienne? Ils représentent une superficie de 50 milliers d'hectares; leur population n'atteint pas deux cent mille âmes; leur revenu est presque nul, et comme ils-se trouvent enclavés dans les possessions anglaises, comme ils ne peuvent, aux termes des traités de 1815, être fortifiés, ils retomberaient infailliblement, en cas de guerre, aux mains de la Grande-Bretagne. Il n'y a dans cette situation ni sécurité ni dignité. Plusieurs fois déjà il a été question de céder à l'Angleterre Karikal, Yanaon, Mahé et Chandernagor, et d'accepter en échange un accroissement de territoire autour de Pondichéry. Cette combinaison serait assurément préférable à l'état de choses actuel. Nos possessions dans l'Inde, disséminées aujourd'hui sur plusieurs points éloignés les uns des autres, se trouveraient utilement réunies en un seul point de la côte de Coromandel, pourraient acquérir une certaine importance commerciale et industrielle, et seraient en mesure de fournir à nos colonies à sucre, notamment à la Réunion, un plus grand nombre de coolies ou travailleurs indiens. Resterait cependant le péril que nous avons signalé plus haut : même agrandi, même fortifié, l'établissement de Pondichéry demeurerait à la merci de l'Angleterre ; ce ne serait qu'une possession précaire, dépendante, sans profit pour notre influence, sans honneur pour notre drapeau. Mieux vaudrait encore accepter définitivement la destinée qui nous a été faite dans cette région de l'Inde, où nous ne saurions plus prétendre à contre-balancer la puissance anglaise, et proposer l'échange de nos cinq petits établissements contre divers comptoirs que l'Angleterre ne ferait peut-être pas difficulté de nous abandonner sur la côte occidentale d'Afrique. L'Angleterre saisirait avec empressement l'occasion de se délivrer, dans l'Inde, d'un voisinage qui, sans lui être périlleux, dérange l'harmonie et l'unité de sa domination. Quant à la France, les comptoirs qu'elle obtiendrait sur la côte d'Afrique seraient placés sous la protection du Sénégal ; ils compléteraient cette belle colonie dont on commence à apprécier les avantages, et que le gouvernement, par d'intelligents sacrifices, semble vouloir tirer d'un trop long oubli. Quoi qu'il en soit, la seule proposition que nous cherchions à établir est celle-ci : alors même que l'on pousserait le culte des souvenirs historiques au point de conserver les chétives possessions qui ont survécu à notre ancien empire dans l'Inde, l'influence française dans cette partie de l'Asie est et demeure annulée, et ce n'est point-là que nous devons espérer de la voir renaître. Si nous voulons fermement la relever, c'est ailleurs, c'est plus à l'est, vers les régions qui sont encore ouvertes à toutes les ambitions, et où nous voyons se diriger si activement, depuis peu d'années, les efforts de l'Angleterre, de la Russie, des États-Unis, c'est vers l'extrême Orient qu'il faut porter nos regards.

Les gouvernements qui se sont succédé en France depuis la révolution n'ont point méconnu la nécessité de reprendre dans les contrées de l'Orient les traditions de l'ancienne monarchie. Nous avons montré Napoléon rêvant l'empire des Indes. Après lui, la restauration, désireuse de développer la marine et le commerce extérieur, expédia plusieurs frégates qui devaient promener dans les mers d'Asie le drapeau sous lequel avaient combattu Labourdonnaye et Dupleix, qui avait flotté en Cochinchine et à Siam, et dont les missions catholiques avaient été habituées à invoquer le glorieux appui. Une seconde révolution vint interrompre cette tentative. Aux prises avec des difficultés européennes et menacé à l'intérieur, le gouvernement de 1830 dut négliger, pendant quelques années, les affaires de l'Inde. Sa marine était d'ailleurs honorablement employée sur d'autres points : dans l'Escaut, dans le Tage, dans le golfe du Mexique, dans la Méditerranée, dans la Plata. Nul intérêt immédiat ou pressant ne l'appelait en Asie, et il se serait bien gardé de se lancer dans des aventures lointaines qui eussent détourné une partie de ses forces, multiplié peut-être les embarras de sa politique étrangère et imposé de lourdes charges au budget. Le commerce de la France dans l'extrême Orient étant demeuré à peu près nul, la station navale des mers de l'Inde et de la Chine fut, de 1830 à 1840, réduite à l'effectif le plus minime. La guerre qui éclata entre l'Angleterre et le Céleste-Empire attira de ce côté l'attention du gouvernement et du public. Dès ce moment, la France voulut bien s'occuper de la Chine, de la Cochinchine, même du Japon, et étudier de plus près la révolution qui commençait à s'accomplir dans les rapports de l'Orient avec l'Europe. Tant que dura la guerre, anglo-chinoise, le gouvernement français, qui n'avait point à intervenir d'une façon directe dans la querelle, se borna à observer les événements. Allié de l'Angleterre, il ne pouvait songer à contrarier les desseins de cette puissance, et il n'avait en réalité aucun intérêt à prendre parti contre elle. D'un autre côté, il ne pouvait invoquer de prétexte sérieux pour se tourner contre les Chinois. La neutralité lui était donc commandée par les circonstances, et il trouva, pour pratiquer honorablement cette politique de neutralité, la plus difficile souvent et la plus délicate de toutes les politiques, un officier d'un rare mérite, le capitaine de vaisseau Cécille, commandant la frégate *l'Érigone*. Par son attitude loyale et discrète, M. Cécille sut se concilier le respect des Anglais et la confiance des mandarins, en même temps que par de fréquents rapports il transmettait à son gouvernement des informations précises sur les divers incidents de la lutte et de sages conseils sur la conduite qu'il convenait à la France de tenir en présence des graves événements dont la Chine était le théâtre. Ce fut sans nul doute la correspondance de l'amiral Cécille qui inspira au gouvernement français des vues saines et justes à l'égard de l'extrême Orient, et qui le détermina à jouer désormais un rôle plus actif dans ces régions lointaines. Aussi, dès que le traité de Nankin (1842), consacrant la victoire de l'Angleterre, eut ouvert au commerce européen en Chine de plus larges voies, le ministère jugea qu'il importait à la France d'obtenir directement et par des procédés amiables les facilités que la Grande-Bretagne venait d'arracher par les armes au Céleste-Empire. Il résolut d'envoyer à Canton une ambassade extraordinaire qui devait se rencontrer avec une mission que le gouvernement des États-Unis se préparait, de son côté, à expédier de Washington, et il comprit qu'il était nécessaire d'entourer cette ambassade d'un certain éclat et d'un appareil de force qui fût de nature à relever aux yeux des peuples de l'extrême Orient le prestige de notre pavillon. L'ambassadeur, M. de Lagrené, partit de Brest vers la fin de 1843; il arriva à Macao dans le courant de 1844, et la division navale des mers de Chine, placée sous le commandement de l'amiral Cécille, se trouva composée de cinq navires de guerre. La France était donc, au point de vue diplomatique comme au point de vue militaire, dignement représentée.

La mission française fut très cordialement accueillie, au moins en apparence, par les mandarins. Le vice-roi de Canton, Ky-ing, qui, après avoir signé la paix sous les murs de Nankin, fut chargé de négocier les traités successivement conclus avec les autres puissances européennes, se montra fort empressé à exprimer son bon vouloir pour ses nouveaux alliés, et sincèrement disposé à pratiquer envers les étrangers une politique plus libérale. La discussion du traité d'amitié et de commerce ne présenta aucune difficulté; mais ce qui honora surtout la mission de M. Lagrené, ce fut la négociation hardiment engagée par l'ambassadeur français en faveur du christianisme. Après avoir opposé la plus vive résistance, employé même les plus touchantes supplications pour couper court à des demandes dont l'objet était si contraire aux idées de son gouvernement, Ky-ing se vit amené à prendre des engagements formels qui, pour n'être point consignés dans le traité de Whampoa, n'en demeurent pas moins, sous la forme d'édits rédigés de concert et acceptés de part et d'autre, un acte officiel et authentique, imposant à la Chine des obligations sérieuses et conférant à la France des droits incontestables. Il fut stipulé que désormais les Chinois chrétiens pourraient se livrer aux pratiques de leur culte, et que les missionnaires étrangers qui seraient arrêtés dans les régions de l'empire dont l'accès est interdit aux Européens seraient purement et simplement reconduits dans l'un des ports, devant leur consul, et non plus, comme par le passé, traînés devant les tribunaux indigènes, pour y subir de cruelles persécutions. Tels sont, en résumé, les engagements pris par Ky-ing, et pour peu que l'on tienne compte des préjugés du gouvernement de Pékin, des errements de sa vieille politique, des craintes que devaient jusqu'à un certain point lui inspirer les promenades obstinées et mystérieuses des missionnaires catholiques à travers toutes les provinces, on ne saurait méconnaître l'importance de la concession si péniblement arrachée par le plénipotentiaire français aux longues hésitations du diplomate chinois. Je n'ignore pas que l'on a cherché à diminuer singulièrement le mérite de cette négociation, qui, selon certaines critiques, n'aurait point eu de résultat favorable pour le catholicisme, les mandarins s'étant abstenus de publier et par conséquent d'exécuter l'édit rendu sur la proposition de Ky-ing, et de nombreux faits de persécution s'étant produits à l'intérieur de la Chine, malgré les protestations des chrétiens. A ces arguments, qui ont été présentés dès l'origine pour démontrer la prétendue inefficacité des négociations de 1845, on pourrait malheureusement ajouter aujourd'hui la mort de deux missionnaires catholiques, récemment condamnés par les tribunaux chinois; mais il serait peu équitable d'apprécier d'après ces faits seulement les efforts de l'ambassade française et les résultats qu'elle a obtenus.

En premier lieu, il n'est point exact que l'édit de 1845 soit complètement demeuré sans exécution. Pendant quelques années au moins, on n'a plus entendu parler de persécutions sérieuses ; les Européens qui ont visité la Chine ont pu voir des communautés chrétiennes respectées et florissantes dans les districts voisins des ports, et la croix s'élevant en liberté sur des églises catholiques. Si, dans les provinces de l'intérieur, loin des regards et de la protection des consuls, quelques actes de persécution ont été commis par des mandarins fanatiques ou plutôt (car le fanatisme religieux n'existe guère en Chine) par des subalternes ignorant les lois récentes, ces actes regrettables ont été rares, purement locaux ; les représentations adressées alors au vice-roi de Canton par le ministre de France ont rencontré un accueil convenable, et provoqué pour ainsi dire une consécration nouvelle du droit que redit de 1845 avait accordé aux chrétiens. Les missionnaires eux-mêmes, qui, en dépit des lois, ont persisté noblement dans leur œuvre de propagande à l'intérieur de l'empire, ont ressenti, dans les premiers temps, les effets des promesses faites à M. de Lagrené. En 1846, MM. Huc et Gabet, missionnaires lazaristes, furent arrêtés dans la capitale du Thibet. Si l'on s'en était tenu aux anciens usages, ils eussent été jugés, condamnés et peut-être martyrisés sur place. Le dénouement fut tout autre. M. Huc a pris soin de raconter comment du fond du Thibet il fut, ainsi que M. Gabet, ramené à Canton et remis entre les mains d'un consul. D'après son récit, plein d'intérêt et de joyeuse humeur, on peut juger si les mandarins chargés de faire escorter les prisonniers étaient animés de sentiments cruels ou hostiles. De la première à la dernière étape, le voyage des missionnaires fut une marche presque triomphale, au point de ressembler parfois à une bouffonnerie. M. Huc menait littéralement son escorte; il régentait les mandarins, discutait librement avec les lettrés, prêchait en plein air, chassait les juges de leur tribunal et s'installait sans façon sur leur siège; partout en un mot où il passait, il faisait, s'il faut l'en croire, la pluie et le beau temps. Se figure-t-on que, si le traité de 1844 et l'édit de Ky-ing n'avaient pas été connus des mandarins de Lhasa, du Sse-tchuen et des autres provinces traversées par les missionnaires, les autorités chinoises se seraient donné la peine de reconduire MM. Huc et Gabet jusqu'à Canton, et qu'elles eussent un seul instant toléré les excentricités de tenue et de langage qui nous ont été si plaisamment racontées? Non, assurément; c'est aux actes négociés par l'ambassadeur français, et arrachés par tant d'efforts, que M. Huc doit d'avoir échappé à la justice chinoise et d'être revenu parmi nous.

Quant aux martyres récents, qui ont de nouveau soulevé contre l'intolérance chinoise l'indignation de la chrétienté, il est probable que, dans les circonstances où ils se sont produits, les traités les plus formels, les plus solennels, n'auraient pu les empêcher. Depuis plusieurs années, le Céleste-Empire est en proie à la guerre civile; la dynastie tartare se sent très sérieusement menacée, et nous avons vu, par les correspondances de Canton, que le gouvernement impérial a déployé contre les rebelles et contre les suspects la plus impitoyable cruauté. Les mandarins n'ignorent pas que l'insurrection compte parmi ses chefs d'anciens élèves des missionnaires protestants; ils ont appris sans doute que, dès l'origine du mouvement, ces missionnaires se réjouissaient ouvertement du prochain triomphe de la révolution, et annonçaient que les étendards victorieux du prétendant Tae-ping allaient répandre dans toute la Chine la semence féconde du christianisme. Comment dès lors s'étonner que la défiance des mandarins contre les prêtres européens cachés dans l'empire se soit réveillée plus forte que jamais, et que les missionnaires aient été considérés et traités comme complices de la rébellion? Erreur fatale que je ne songe pas un seul instant à excuser; mais encore, pour apprécier les actes du gouvernement chinois, faut-il se placer à son point de vue, se rendre compte de sa situation désespérée, des craintes, mal fondées il est vrai, et cependant assez plausibles, que lui a toujours inspirées la sourde propagande exercée secrètement au milieu de sa population par les apôtres de la foi chrétienne. Les Chinois, en matière de religion, ne comprennent guère les idées de renoncement et de sacrifice qui sont le fondement et l'honneur du catholicisme. Cet Européen qui vient parmi eux, sans intérêt apparent, sans salaire, leur prêcher une religion nouvelle, et qui, pour le salut de quelques âmes, a traversé les mers, dit adieu au foyer de la famille et aux tombes des aïeux, ce voyageur infatigable est à leurs yeux un être tout à fait étrange : les plus indulgents le regardent comme un insensé; aux époques de trouble, il peut très aisément, dans l'opinion des mandarins, responsables de la paix publique, passer pour un conspirateur. Déplorons donc que tant de sang précieux ait été versé; pleurons ces héroïques victimes comme elles veulent être pleurées, c'est-à-dire non point pour elles, qui ont gagné par le martyre l'immortelle gloire, mais pour la cause de l'humanité et du christianisme. En même temps ne soyons plus surpris que la persécution, ignorante et acharnée, redouble de rigueur, et demeurons bien convaincus qu'aucun traité conclu par Ky-ing, au nom de l'empereur Tao-kwang, n'aurait protégé la vie des missionnaires dans les conditions présentes, sous le gouvernement d'un nouvel empereur aux prises avec une révolution formidable, et sous l'administration des successeurs de Ky-ing, désavoué aujourd'hui et disgracié. Enfin, pour en revenir à l'édit de 1845, cette pièce diplomatique, dont on affecte de faire si peu de cas, est entre les mains de la France une arme puissante, à l'aide de laquelle nous pouvons régulièrement intervenir dans les affaires intérieures du Céleste-Empire, exiger satisfaction pour le meurtre de nos missionnaires, venger les insultes infligées à notre foi : c'est un point très essentiel, et l'édit, n'eût-il que ce mérite et cette conséquence, devrait être considéré non-seulement comme un acte honorable de protection religieuse, mais encore et surtout comme un grand acte politique. A quel titre, selon le droit des gens, serions-nous fondés à engager, comme nous venons de le faire, les hostilités contre la Chine? Sous quel prétexte notre escadre, de concert avec l'escadre anglaise, aurait-elle attaqué Canton? La querelle soulevée à l'occasion de l'*Arrow*, cette fameuse lorcha, n'est point la nôtre : notre commerce n'a éprouvé aucune entrave; nous n'avons à nous plaindre d'aucune violation du traité de Whampoa; nos consuls n'ont pas cessé d'être respectés, et le petit nombre de nos nationaux qui résident dans les ports légalement ouverts à l'étranger n'a subi aucune avanie. Pourquoi donc avons-nous déclaré la guerre? Avant l'édit, la persécution contre les chrétiens, si elle eût été exercée en vertu de jugements rendus d'après les lois du pays, n'aurait point justifié notre prise d'armes, car le gouvernement chinois peut régler comme il l'entend sa police intérieure, et il lui était loisible de punir des peines les plus rigoureuses tous individus, nationaux ou étrangers, qui persistaient à prêcher ou à professer sur son territoire une religion proscrite. Mais, depuis l'édit, la situation est différente : la pratique du culte catholique n'étant plus réputée crime d'après la loi chinoise, tout acte de persécution constitue une violation des traités, et il est de notre droit d'en demander compte. Voilà pourquoi notre escadre a paru sous les murs de Canton.

J'ai longuement, trop longuement peut-être, insisté sur cette négociation religieuse de 1845. Je m'en excuse en songeant qu'elle est
assez peu connue, et qu'elle a malheureusement besoin d'être défendue contre ceux-là mêmes qu'elle a voulu protéger, et qui lui
devront d'être vengés un jour, ou plutôt (car on leur ferait injure en
leur attribuant un désir de vengeance) qui lui doivent dès à présent
de voir le bras puissant de la France armé pour leur cause. Si l'honneur de la France est engagé à demander raison du sang catholique
qui a été versé, c'est l'édit de 1845 qui lui a imposé ce devoir. Grave
imprudence! pouvait-on dire en d'autres temps à l'habile diplomate qui ne craignait pas de charger son pays d'une responsabilité
si lourde. Ce sont des embarras que vous nous créez pour l'avenir;
nous voici condamnés à déclarer tôt ou tard la guerre à un vaste
empire situé à l'autre extrémité du monde! Il ne nous suffira plus
d'admirer l'héroïsme des martyrs; la France est désormais la protectrice officielle du catholicisme en Chine, la patronne avouée des
chrétiens répandus sur toute la surface du Céleste-Empire : elle
contracte une solennelle obligation. Il faudra qu'elle se tienne prête
à faire respecter, même par les armes, les engagements qu'elle a provoqués! — Heureuse inspiration, devons-nous dire aujourd'hui en
présence des événements qui s'accomplissent, puisqu'elle a préparé
pour la France un rôle honorable à jouer dans les affaires de l'Asie,
et nous permet en ce moment de ne plus laisser à l'Angleterre seule
le soin de régler les relations politiques de l'Europe avec la Chine.

En même temps qu'il songeait à relever l'influence française dans
les parages de l'extrême Orient, le gouvernement prévoyait l'utilité
que pourrait offrir un jour la possession d'une colonie qui servirait
à la fois d'entrepôt pour notre commerce et de point de relâche ou
de refuge pour nos bâtiments de guerre. Le choix de cette colonie
était fort difficile, car, en dehors des états encore indépendants,
tels que le royaume de Siam, l'empire des Birmans, la Cochinchine,
pays vastes, dont la conquête eût entraîné un grand déploiement
de forces et des dépenses considérables, et contre lesquels d'ailleurs
nous n'avions à faire valoir alors aucun grief justifiant une prise de
possession, les archipels si nombreux de la Malaisie étaient déjà
tous occupés ou revendiqués par d'autres nations européennes, de
telle sorte que la France, arrivant la dernière, ne trouvait plus un

coin de terre où elle pût planter son drapeau. On crut cependant avoir découvert dans la Malaisie, entre les colonies hollandaises et les colonies espagnoles, une petite île dont l'occupation n'exciterait aucune susceptibilité légitime; il s'agissait de Bassilan, dépendance de l'archipel Soulou. On y avait reconnu un excellent port, ce qui était le point essentiel pour l'objet que l'on avait en vue, et les apparences d'un climat salubre. Un triste incident vint d'ailleurs fournir un motif plus que suffisant aux plans de conquête que le gouvernement avait formés. Un officier et plusieurs matelots de la corvette la Sabine avaient été massacrés par les indigènes, et ce lâche guet-apens appelait notre vengeance. L'escadre, sous les ordres de l'amiral Cécille, se transporta sans retard sur la côte de Bassilan; on fit une descente dans l'île; le principal village fut incendié, et rien ne paraissait s'opposer à notre établissement définitif sur une terre où le sang français avait coulé. Cependant les autorités des Philippines prirent ombrage; elles protestèrent contre les projets de l'ambassadeur et de l'amiral, et prétendirent que l'archipel Soulou, et en particulier l'île de Bassilan, séparée de Mindanao par un détroit très resserré, devaient être considérés comme possessions espagnoles. En présence de ces objections qui n'avaient pas été prévues et à défaut 'd'instructions précises, M. de Lagrené et l'amiral Cécille crurent devoir ajourner l'exécution de leur projet, et il fut convenu qu'on en référerait en Europe aux deux gouvernements intéressés.[1] Lorsque les cabinets de Paris et de Madrid eurent à examiner cette affaire, ils étaient saisis d'une question bien autrement grave qui absorbait à juste titre toutes leurs préoccupations: on négociait les mariages espagnols. On comprend que, dans de pareilles conjonctures, l'incident relatif à la petite île malaise ait été mis de côté d'abord pour être enfin complètement oublié. Il y aurait eu, de la part du ministère français, la plus grande maladresse à disputer à l'Espagne, qui paraissait y tenir, la possession de cet îlot, et à compliquer, peut-être même à compromettre, pour un si mince intérêt, une négociation très importante, dont le succès était si ardemment désiré. La France ne songea donc plus à Bassilan. Au reste, on ne doit guère regretter que cette île ne soit point demeurée en notre possession. Elle est en effet trop éloignée du centre des af-

---

1 Dans un article qu'a publié la *Revue des Deux Mondes* sous ce titre : *les Pirates malais* (livraison du 1er août 1853), j'ai raconté les divers incidens qui se rattachent à l'expédition française contre Bassilan.

faires asiatiques; elle est en dehors des grandes voies commerciales que sillonnent les navires européens. Comme colonie à culture, elle eût été, par suite de son peu d'étendue, presque insignifiante; comme point de refuge pour nos bâtiments de guerre, elle n'aurait présenté qu'un médiocre intérêt, les escadres européennes stationnant d'ordinaire sur les côtes de la Chine. De plus, en s'établissant à Bassilan, la France se serait imposé une lourde tâche; il lui eût fallu exercer la police dans ces parages infestés de pirates, pourchasser les forbans de Soulou et de Bornéo, et dépenser ainsi beaucoup d'argent au profit des bâtiments anglais, espagnols et hollandais qui fréquentent les archipels de la Malaisie. Cette extirpation de la piraterie nous aurait peut-être fait beaucoup d'honneur aux yeux du monde civilisé, mais quel avantage matériel en aurions-nous retiré? — Il ne reste donc de cet incident de 1845 que le souvenir d'un effort tenté sous le règne de Louis-Philippe pour installer à poste fixe le drapeau français dans les régions de l'extrême Orient : c'était le commencement d'exécution d'une idée juste et prévoyante.

Il ne semble pas qu'après l'affaire de Bassilan le gouvernement de juillet ait porté ses vues sur d'autres points à occuper dans les mers de Chine. Ses relations avec l'Angleterre étant devenues moins cordiales et la situation générale de l'Europe inspirant déjà quelques inquiétudes, il lui eût été difficile de s'aventurer dans les entreprises lointaines, alors surtout que l'opinion publique se montrait fort peu soucieuse des grands intérêts qui pouvaient s'agiter, d'un jour à l'autre, au fond de l'Asie. Cependant, grâce à l'impression laissée par l'envoi d'une ambassade extraordinaire et à la présence d'une escadre plus nombreuse qu'à aucune autre époque, l'influence politique de la France dans l'extrême Orient fut moins effacée. L'ambassadeur, M. de Lagrené, avait visité les capitales des colonies européennes, Manille, Batavia, Singapore, Calcutta, etc. L'amiral Cécille, demeuré en Chine après lui, imprima une grande activité aux mouvements de l'escadre placée sous son commandement. Le pavillon français fut successivement déployé en vue de la Cochinchine, des îles Lioutchou, du Japon, de la Corée, où son apparition inattendue produisit d'heureux effets. Partout, soit en rappelant d'anciens souvenirs pieusement entretenus par les missions chrétiennes, soit en révélant le nom et la puissance de notre pays par une première démonstration, la venue de nos bâtiments de guerre, leur bonne tenue, le nombre de leurs canons, la discipline de leurs équipages, frappèrent vivement l'attention des gouvernements et des peuples asiatiques, trop habitués jusqu'alors à ne voir, à ne craindre et à ne respecter que le pavillon anglais. En un mot, si nous n'étions encore fixés nulle part, on nous avait vus partout, et soit qu'elle excitât quelques espérances, soit même qu'elle éveillât de secrètes jalousies, la présence de notre escadre attesta que la France était résolue à prendre désormais une part plus active aux affaires de l'extrême Orient. En quittant le commandement de la station des mers de Chine, qu'il avait exercé pendant près de cinq années, l'amiral Cécille pouvait s'attribuer le mérite d'avoir contribué largement, de concert avec M. de Lagrené et après le départ de l'ambassadeur, à rétablir dans ces régions l'influence française.

Sans méconnaître les services rendus par les officiers qui ont commandé la station, ni par les ministres qui ont représenté la France en Chine depuis 1847, j'ai hâte d'arriver à l'époque actuelle. Nous avons en ce moment une forte escadre dans les eaux du Céleste-Empire. Nous venons de déclarer la guerre au vice-roi de Canton, et déjà notre pavillon flotte, à côté du drapeau anglais, sur les murs de cette ville. Il paraît en outre que le gouvernement se propose d'envoyer à l'amiral Rigault de Genouilly, qui commande l'escadre, des renforts considérables qui comprendront des troupes d'infanterie et un détachement du génie : d'où l'on est amené à penser qu'il compte fonder sur quelque point de l'Asie un établissement colonial et accomplir ce que les gouvernements antérieurs ont vainement tenté. On a même indiqué la Cochinchine, ou tout au moins le port de Tourane, comme devant être le siège de la nouvelle colonie française. Il y a là deux questions distinctes à examiner : en premier lieu, notre politique particulière à l'égard de la Chine, et les résultats de notre alliance avec l'Angleterre dans les opérations engagées contre Canton; en second lieu, le choix de la colonie à fonder et les proportions qu'il conviendrait de donner à cet établissement.

Le meurtre d'un missionnaire français, M. Chappedelaine, condamné par les autorités chinoises, contrairement aux termes de l'édit négocié en 1845, justifie pleinement notre déclaration de guerre : il s'agit de venger un compatriote et de défendre la foi chrétienne. A peu près vers le même temps (1856) s'est produit à

Canton l'incident de l'*Arrow*, qui a fait éclater entre le vice-roi et le gouverneur de Hong-kong une mésintelligence dont les symptômes couvaient depuis plusieurs années. Le vice-roi s'étant refusé à donner les satisfactions que l'on exigeait de lui pour la saisie de l'*Arrow*, à recevoir dans l'intérieur de la ville de Canton les fonctionnaires anglais, le gouverneur de Hong-kong, sir John Bowring, et l'amiral Seymour, comandant l'escadre britannique, crurent devoir recourir à la force et commencer les hostilités sans attendre les instructions de leur gouvernement. Le cabinet de Londres, approuvant ces premiers actes, pensa que le moment était venu d'en finir avec cette éternelle question chinoise, de demander la révision du traité de 1842, et d'obliger le Céleste-Empire à adopter, dans ses rapports avec l'étranger, les lois et les usages consacrés par le droit des gens. Il expédia donc de puissants renforts à l'amiral Seymour, et il envoya en qualité de commissaire extraordinaire lord Elgin, qui fut chargé, avec les attributions les plus étendues, de diriger la politique anglaise en Chine, de traiter non-seulement les questions de détail qui se rattachaient à la misérable affaire de l'*Arrow*, mais encore l'ensemble des questions qui intéressent, ressent, dans le présent et pour l'avenir, les relations de la Grande-Bretagne avec le Céleste-Empire. Afin de donner plus de poids à sa démarche, le gouvernement anglais invita les cabinets de Paris et de Washington à se joindre à lui dans cette nouvelle croisade entreprise au nom du commerce et de la civilisation, et ses ouvertures, assez froidement reçues par le gouvernement américain, qui se borna à envoyer en Chine un commissaire pour observer les événements et protéger au besoin les intérêts de ses nationaux, furent accueillies avec empressement par le gouvernement français, qui avait lui-même des griefs particuliers à faire valoir contre le gouvernement chinois. De là l'envoi de M. Le baron Gros, investi de pouvoirs analogues à ceux qui ont été conférés à lord Elgin ; de là le concert entier et absolu établi, dès leur première rencontre, entre les deux plénipotentiaires; de là le bombardement et la prise de Canton par les deux escadres; de là enfin ce concours mutuel, cette action simultanée des deux plus grandes nations de l'Occident, unissant leurs drapeaux et leurs forces contre le plus vaste empire de l'Asie.

Quelle sera la suite de cette lutte? S'en tiendra-t-on à la prise et à l'occupation de Canton ? Portera-t-on la guerre vers le nord, dans la direction de la capitale? Les escadres alliées, reprenant le sillage tracé en 1842 par l'escadre anglaise, remonteront-elles le fleuve Yang-tse-Kiang, pour appuyer ou pour chasser les rebelles qui occupent Nankin? Le gouvernement chinois, après la perte de la ville de Canton et même de toute la province, cèdera-t-il aux sommations qui lui seront adressées, ou bien, se retranchant dans son impassibilité traditionnelle, laissera-t-il les alliés se promener impunément sur une partie de son territoire et prendre des gages dont la conservation serait, il faut le dire, assez embarrassante, très coûteuse, et peut-être, sous un tel climat, très meurtrière? Quelle sera, en présence de cette guerre extérieure, l'attitude de l'insurrection chinoise? Le champ des hypothèses est bien vaste, et quand il s'agit d'un pays dont la situation intérieure est encore aussi peu connue, il est très difficile de s'y orienter sûrement. Laissons donc aux événements le soin de se dérouler et de s'expliquer eux-mêmes, et, sans avoir la vaine prétention de rien prédire, attendons simplement les récits officiels. Qu'il nous suffise de penser qu'une entreprise dans laquelle la France et l'Angleterre sont désormais engagées ne saurait aboutir à un échec, et tenons pour assuré que la guerre actuelle aura pour résultat une réforme considérable, sinon une révolution complète, dans la nature et l'étendue des rapports de l'Europe avec la Chine.

Mais, on peut le dire dès à présent, quelle que soit l'issue de la lutte, le gouvernement français a été sagement inspiré, lorsqu'il s'est décidé à prendre sa part de la nouvelle guerre de Chine, Nous entendons bien certaines personnes prétendre encore que nous n'avons que faire à ce bout du monde ; que si nos missionnaires veulent convertir les Chinois, ce doit être à leurs risques et périls; que le temps des croisades et des guerres de religion est fort heureusement loin de nous, etc. Selon d'autres, nous nous laisserions béatement entraîner à la remorque des Anglais; séduits par des rêves chevaleresques et attirés par l'odeur de la poudre, nous irions enrôler nos bataillons à l'appui et presque au service d'un allié qui recueillera seul les fruits de la victoire; en un mot, la France serait une fois de plus la dupe de la perfide Albion : objections vulgaires qui tombent devant un examen attentif de la situation et des faits! Étrange aveuglement, de ne voir dans notre Intervention en Chine qu'une querelle de missionnaires! Sans doute, la cause du christianisme sera favorisée par notre triomphe, il est même permis aux âmes pieuses de se préoccuper particulièrement du triomphe de cette cause pour laquelle tant de soldats ont déjà succombé sur les champs de bataille du martyre; mais ce n'est là, aux yeux des politiques qui ont le droit de tenir compte d'intérêts sinon supérieurs à l'intérêt chrétien, du moins plus immédiats et plus pratiques, ce n'est là qu'un aspect de la question, ou plutôt une conséquence du grand acte que l'on se propose d'accomplir. L'Angleterre et la France, représentant la civilisation européenne, veulent ouvrir à l'activité exubérante de l'ancien monde un marché de 300 millions d'hommes, conquérir en quelque sorte au droit des gens un immense territoire, et déchirer, au profit du monde entier, le voile épais qui dérobe encore aux rapports internationaux, nécessaires à la vie et à la prospérité des sociétés modernes, l'une des plus riches contrées du globe. Enfin, si l'on tient à ramener la question à des termes plus simples, elles ont l'une et l'autre des injures à venger. Quoi de plus naturel que l'alliance qui les unit contre un ennemi commun? Il se peut que l'Angleterre soit, au point de vue commercial, beaucoup plus intéressée que nous ne le sommes à l'ouverture de la Chine, et que dès lors les avantages de la victoire doivent pour elle être plus grands ; mais compte-t-on pour rien les considérations d'influence et d'équilibre qui nous commandent, en Asie comme en Europe, de ne point demeurer spectateurs immobiles des progrès accomplis autour de nous ou des accroissements obtenus par l'énergie et l'intelligence des peuples avec lesquels nous aspirons à marcher de pair, si même nous n'avons pas une ambition plus haute? Libre à ceux qui n'entrevoient point les destinées prochaines du monde asiatique, et qui, dans ce siècle de transports et de communications rapides, d'échanges infinis, d'émigrations incessantes, s'obstinent à parquer leur politique dans les étroites limites du vieux monde, libre à eux de ne pas comprendre l'impérieuse nécessité qui a assigné à notre drapeau un poste dans l'attaque de Canton ; quant aux esprits qui depuis quelques années se sont donné la peine d'observer ce qui se passe au-delà de l'isthme de Suez, notamment dans les régions extrêmes de l'Orient, ils doivent applaudir vivement à la résolution qui a été prise. Jamais occasion plus favorable ne pouvait se présenter pour introduire en Asie l'action de la France. Notre coopération avec l'Angleterre ne saurait être considérée autrement que comme une bonne fortune : elle doit satisfaire, parmi nous, les adversaires et les partisans de l'alliance anglaise. Les premiers, qui de tout temps se sont montrés jaloux des envahissements successifs de la Grande-Bretagne sur les différents points du globe, et qui chercheraient volontiers dans d'autres alliances le moyen de tenir en échec l'ambition de nos voisins, obtiennent par cette coopération la certitude que cette fois du moins l'Angleterre ne fera point de nouvelles conquêtes sans que la France soit fondée à en réclamer sa part, et que, si l'Angleterre maintient son prestige dans cette lutte lointaine, la France relève en même temps le sien. Ce qu'ils eussent déploré, non sans raison, s'ils veulent bien être logiques, c'eût été de voir la Grande-Bretagne ouvrant seule la campagne contre la Chine, comme elle l'a fait en 1840, prenant seule la défense et la direction des intérêts européens dans cet empire, et se réservant ainsi pour elle seule l'honneur ainsi que les profits d'influence attachés à l'expédition. — En ce qui concerne les partisans de l'alliance anglaise, leur satisfaction, leur approbation pleine et entière ne peut être un seul instant douteuse. La campagne de Chine, entreprise de concert par la France et par la Grande-Bretagne, continue en quelque sorte la campagne de Crimée, et, si l'on envisage les progrès de la puissance russe dans le nord de l'Asie, il est permis jusqu'à un certain point d'ajouter que la lutte est engagée non pas seulement contre le Céleste-Empire, mais aussi, par une conséquence indirecte, contre un adversaire plus sérieux. C'est donc un lien de plus entre les deux nations, un symptôme nouveau de confiance mutuelle et de cordiale entente; c'est une force presque irrésistible, qui assure le triomphe de la cause défendue en commun, et mieux encore c'est un surcroît de garantie pour la paix du monde. Telle doit être, telle est, à n'en pas douter, l'opinion de tous ceux qui, sans se dissimuler les difficultés que peut rencontrer le maintien de l'alliance anglaise, ont foi dans l'avenir de cette politique, et s'appliquent ouvertement à refouler dans le passé les anciens préjugés, les récriminations vulgaires, qui, sous une fausse apparence de patriotisme, s'interposent encore entre les véritables intérêts des deux pays. Qu'importent les dissentiments passagers, les susceptibilités épistolaires, les paroles malveillantes, si, après tout, pendant que ces petits faits s'agitent dans l'enceinte d'un parlement ou dans le cabinet d'une chancellerie, on voit, en Crimée, en Chine ou ailleurs, les armées et les escadres combattant ensemble le même ennemi, et l'honneur des deux peuples abrité sous les mêmes drapeaux ? Les coups de canon qui retentissent dans la rivière de Canton suffisent pour couvrir les voix discordantes dont on cherchera vainement à réveiller l'écho, et proclament hautement l'alliance anglo-française. En ce moment même, nous recueillons en Europe le fruit de la politique suivie en Chine de concert avec l'Angleterre. Cette politique doit donc, à tous les points de vue, être approuvée sans réserve.

Il nous reste à examiner les projets de colonisation dont on prête la pensée au gouvernement français, ou qu'on lui conseille. Il existe une opinion extrême qui se prononce contre tout nouvel établissement colonial : ce serait, dit-on, imposer à la France, sans utilité bien constatée, une très forte dépense; les colonies, nécessaires autrefois, alors qu'elles fournissaient à l'industrie des métropoles un marché exclusivement réservé, n'ont plus aujourd'hui la même raison d'être, puisque, dans l'Asie au moins, la plupart des ports sont ouverts à tous les pavillons, et que les possessions anglaises, régies par les principes du libre-échange, accueillent sans surtaxe la plupart des marchandises; la France n'a donc pas besoin de colonies pour alimenter son commerce, d'ailleurs si restreint, qui trouve dans l'Inde britannique, à Siam, en Chine, les conditions les plus libérales. D'une autre part, en cas de guerre maritime, la nécessité de défendre une colonie lointaine disséminerait nos forces et nous affaiblirait en Europe, où nous devrions au contraire, si nous avions l'Angleterre pour ennemie, concentrer toutes nos ressources navales. Telles sont les objections que l'on oppose de prime abord à la fondation d'une colonie française dans l'extrême Orient. Elles ne paraissent point décisives. Sans être aussi nécessaires qu'elles l'étaient autrefois à la prospérité du commerce métropolitain, les colonies assurent encore à la nation qui les possède une préférence marquée pour les échanges. Sous le rapport militaire, il ne nous serait pas inutile d'avoir, même en vue d'une guerre, quelques points de refuge où nos frégates pourraient se soustraire à la poursuite d'une force supérieure, et d'où elles seraient en mesure de causer, par des sorties opportunes, de graves dommages au commerce ennemi; mais ce n'est précisément ni l'intérêt commercial ni l'intérêt militaire qui, à nos yeux, décide la question, ce n'est même point un intérêt immédiat qui nous appelle en Orient : il s'agit surtout d'un intérêt politique, qui peut-être ne se révélera complètement que dans un avenir plus ou moins éloigné, mais qui dès à présent mérite toute notre sollicitude. La pensée au surplus n'est pas nouvelle ; elle avait, nous l'avons dit, frappé le génie si vif et si juste du premier consul ; la restauration, Adèle aux souvenirs de l'ancienne monarchie, était disposée à y donner suite; le gouvernement de juillet a songé un moment à l'exécuter : si le gouvernement actuel peut mener l'œuvre à bonne fin, de telle sorte que l'influence française soit dignement représentée en Asie le jour où la révolution qui s'y prépare sera accomplie, il aura rendu à notre pays un grand service.

La première combinaison qui, dans cet ordre d'idées, se présente à l'esprit, ce serait d'occuper définitivement un territoire de l'empire chinois. Cette prise de possession serait naturelle et légitime : nous aurions pour nous le droit de la guerre. Autant que l'on en peut juger par les nouvelles de l'intérieur et surtout par le triomphe de l'insurrection, qui enlève à l'autorité de la dynastie tartare plusieurs provinces, la Chine serait à la veille d'une sorte de dissolution. La conquête européenne rencontrerait donc peu de résistance. Les Chinois d'ailleurs ne sont pas plus fanatiques en matière politique qu'en matière religieuse, et il est à croire qu'ils échangeraient assez volontiers l'administration des mandarins contre un régime plus doux qui leur apporterait de bonnes lois, une dose suffisante de liberté et de larges profits commerciaux; mais il ne faut pas se dissimuler que, si l'occupation de plusieurs districts sur le littoral chinois paraît aisée quant à présent, la garde d'une telle colonie exigerait un grand déploiement de forces et risquerait de se trouver un jour gravement compromise. On aurait derrière soi une population innombrable qui pourrait bien, après quelques années de contact avec la civilisation européenne, se soulever contre les étrangers et courir sus aux barbares. L'insurrection de l'Inde fournit à cet égard un grand enseignement, et, dans une semblable occurrence, les Chinois, qui sont très intelligents, très habiles à s'approprier les moyens d'action des autres peuples, résisteraient peut-être mieux que les Hindous. On a annoncé au début de la guerre que les Anglais conserveraient Canton, ce qui eût amené sans doute, par suite d'une entente équitable, notre établissement sur un autre point du sol chinois, à Shang-haï par exemple; mais aujourd'hui l'Angleterre, déjà chargée de la garde de l'Inde (et elle voit ce qui lui en coûte), ne songe probablement plus à agrandir ses domaines en Asie. Il est préférable pour elle comme pour la France d'obtenir par un traité l'ouverture régulière des ports et des fleuves chinois sous l'autorité de la police locale et sous la protection des consuls, plutôt que de fonder des établissements sur le continent. L'occupation de l'archipel Chusan ou des îles de Formose et de Haïnan soulèverait moins d'objections, car il serait possible de s'installer dans ces îles avec des moyens certains de défense. Les Anglais ont déjà apprécié la situation avantageuse de Chusan, qu'ils ont détenu, à titre de gage, de 1842 à 1847 : quant aux îles de Formose et de Haïnan, on ne connaît pas encore suffisamment les ressources qu'elles offriraient à la colonisation européenne.

Les côtes de la Corée ont été pendant ces dernières années visitées par les bâtiments de l'escadre française. On a pu lire récemment une intéressante narration de la croisière entreprise dans ces parages par M. L'amiral Guérin, et une appréciation très compétente des ports et havres qui dessinent le littoral de la presqu'île.[1] La situation géographique de la Corée serait évidemment très favorable pour un établissement. On y aurait le double voisinage de la Chine et du Japon; les ports seraient facilement accessibles aux navires baleiniers que la pêche attire en grand nombre vers l'extrémité nord- ouest de l'Océan-Pacifique; le climat passe pour être salubre, le sol fertile; enfin, protégée de trois côtés par la mer, la colonie jouirait d'une sécurité à peu près complète; les possessions russes, bornées par le fleuve Amour, sont à une distance de 10 degrés environ du nord de la Corée. Il est à présumer que l'attention des amiraux commandant la station française en Chine a été particulièrement attirée vers ce pays pour le cas où l'on se déciderait à occuper un territoire dans les mers de Chine : de leur côté, les missionnaires catholiques nous verraient avec une vive satisfaction solidement établis sur un point où ils comptent déjà quelques milliers de prosélytes.

Si l'on avait la pensée de fonder un établissement en Cochinchine, le gouvernement aurait à rappeler d'anciens griefs ; il pourrait

---

1 Voyez, dans la *Revue* du 15 janvier 1858, *la Chine à la veille d'une révolution; souvenirs d'une croisière dans les mers de Tartarie, de Chine et du Japon.*

même, assure-t-on, invoquer les termes d'un traité qui aurait, en 1787, cédé à Louis XVI le port de Touranne. Il est très difficile d'apprécier les conditions de ce traité, dont je ne sache pas qu'on ait publié le texte. La convention de 1787 est-elle encore valable? La France a-t-elle rempli en temps utile les obligations qu'elle contractait envers le gouvernement cochinchinois pour prix des avantages qui lui étaient conférés ? C'est ce qu'il faudrait examiner, si l'on plaçait la discussion sur ce terrain diplomatique. Dans tous les cas, la simple occupation de Touranne n'aurait qu'un bien médiocre intérêt. La baie offre aux navires un excellent abri, mais elle est parsemée de bas-fonds, et les bâtiments d'un certain tonnage sont obligés de mouiller loin de la ville. La ville elle-même n'est qu'une affreuse bourgade composée de cabanes, pauvrement peuplée, sans industrie, sans ressources d'aucun genre. Le fleuve que plusieurs géographes font déboucher dans la rade n'est qu'un étroit ruisseau, navigable seulement pour les plus légères barques. C'est en dehors de la baie, plus au nord, que se jette dans la mer la rivière par laquelle on peut remonter à Hue-fou, la capitale. J'ai vu Touranne, et j'ai vraiment peine à m'expliquer les pompeuses descriptions qui ont été consacrées à, cette bicoque. L'équipage d'une corvette serait plus que suffisant pour enlever les deux ou trois mauvais forts de construction presque européenne qui ont la prétention de défendre la place. La conquête serait donc des plus aisées; mais qu'en ferions-nous? Une station maritime pour notre escadre des mers de l'Inde et de la Chine? On dépenserait beaucoup d'argent pour y construire un arsenal, des magasins, etc. (car tout serait à créer), et on concentrerait difficilement à Touranne, si l'on se bornait à la possession du port, les ressources que la marine se procure dès à présent à Manille, à Hong-kong ou à Singapore. Un entrepôt commercial? Il serait d'abord nécessaire de développer en Cochinchine les éléments d'échange, tout à fait nuls aujourd'hui, et on n'y réussirait qu'à la condition d'introduire dans le régime intérieur du pays un changement complet. Ce ne serait plus seulement Touranne qu'il faudrait occuper, ce serait la Cochinchine qui devrait être soumise à notre domination, ou tout au moins à notre protectorat. Ce dernier parti a été conseillé dans diverses publications récentes, s'inspirant de l'intérêt des missions catholiques.[1] Pour atteindre un tel résultat, on ne saurait invoquer

1 Voyez notamment un article publié dans *le Correspondant* du 25 décembre 1857

les stipulations restreintes du traité de 1787; la question se présente sous un aspect tout autre, et prend immédiatement de grandes proportions.

A la fin du XVIIIe siècle, le catholicisme était honoré en Cochinchine. L'empereur Gya-long devait son trône à l'habileté et au courageux appui de l'évêque d'Adran, mort en 1799; mais les successeurs de ce prince n'héritèrent point de ses sympathies pour la foi chrétienne et pour la France. Les persécutions, commencées sous le règne de Ming-mang, se continuèrent sous celui de Thieu-tri, et elles ne se sont pas ralenties sous l'empereur actuel Tu-duc. Elles ont été terribles. Les correspondances des missionnaires sont, depuis 1820, remplies de détails navrants sur les tourments infligés aux familles cochinchinoises qui s'étaient converties sous Gya-long. La liste est longue des apôtres qui, prêchant d'exemple, ont montré aux nouveaux chrétiens la route du martyre. Dans plusieurs occasions, le gouvernement cochinchinois a remis entre les mains de nos officiers de marine, qui venaient les réclamer, les prêtres français arrêtés sur son territoire; mais plus souvent encore la condamnation à mort, prononcée par les lois du pays, a été exécutée. Mous sommes donc depuis longtemps en mauvais termes avec la Cochinchine, et il y a même déjà eu des actes d'hostilité. En 1847, le capitaine de vaisseau Lapierre se crut obligé, pour sauvegarder l'honneur de son pavillon, de détruire avec les canons de *la Gloire* et de *la Victorieuse* les cinq ou six navires composant la flotte royale; en 1856, le commandant du *Catinat*, M. Lelieur de la Ville-sur-Arce, mécontent de l'attitude méprisante des mandarins, s'empara d'un fort dont il encloua les batteries. Il serait facile de trouver dans cet ensemble de faits des motifs plausibles pour déclarer la guerre à la Cochinchine. Les missionnaires, ou, pour parler plus exactement, certains missionnaires appellent de tous leurs vœux l'intervention armée de la France dans l'empire d'Anam. Témoins des persécutions qui frappent à coups redoublés les chrétiens indigènes, convaincus que la force est désormais l'unique moyen de sauver leur église naissante, ils n'hésitent plus à conseiller la guerre sainte. Ce n'est point, je le sais, un sentiment de vengeance qui inspire cette politique violente; les missionnaires acceptent pour eux-mêmes les fatigues et les périls de l'apostolat,

---

sous ce titre : *les Droits, les Intérêts et les Devoirs de la France en Cochinchine.*

volontiers ils bravent le martyre : ils demandent seulement que la France défende en Cochinchine, au profit de toute une population indignement opprimée, le principe de la liberté de conscience et de la tolérance religieuse. Mais, quelle que soit la pureté des intentions, il convient peu à des missionnaires, à des hommes de paix, de se constituer les avocats de la guerre, et, si l'on examinait la question d'après les règles du droit strict, on pourrait ne pas admettre la justesse de leurs arguments. Dès son avènement au trône (1820), l'empereur Ming-mang a déclaré que l'accès de ses états, à l'exception du port de Touranne, demeurait fermé aux Européens; il a particulièrement interdit l'entrée des missionnaires catholiques, et il a proscrit la religion chrétienne. Ses successeurs ont adopté les mêmes mesures, sanctionnées par les pénalités les plus sévères. C'est à la crainte d'une invasion européenne, non au fanatisme religieux, qu'il faut attribuer la politique exclusive des souverains de la Cochinchine. Quoi qu'il en soit, en défendant la pratique de tel ou tel culte importé de l'étranger, ils ont exercé un droit incontestable. A diverses reprises, notamment en 1843 et en 1845, lorsque des prêtres français, arrêtés à l'intérieur du pays, ont été remis aux commandants de *l'Héroïne* et de *l'Alcmène*, les mandarins ont eu soin de rappeler par écrit, et dans les termes les moins équivoques, les dispositions de la loi cochinchinoise relatives au christianisme et aux Européens. Les missionnaires ont persisté à violer cette loi formelle; à peine délivrés, ils se sont empressés de rentrer clandestinement dans leurs diocèses. Qui oserait blâmer cet intrépide courage de leur foi? D'un autre côté, il faut bien reconnaître que le gouvernement de la Cochinchine a quelque droit d'être irrité par cette désobéissance obstinée qui dédaigne ses avis et insulte à ses ordres. Les chrétiens indigènes et les prêtres étrangers ne sauraient prétendre en Cochinchine à la protection qui leur est assurée en Chine aux termes de l'édit de 1845. L'empereur de Chine a pris envers la France l'engagement de tolérer dans ses états la pratique du christianisme, de remettre aux consuls les missionnaires européens qui seraient surpris dans les provinces, tandis que les souverains de l'empire d'Anam ont, depuis la mort de Gya-long, constamment refusé de s'entendre avec les puissances européennes; ils n'ont fait aucune concession ni souscrit aucun engagement. Il en résulte que le moindre acte de persécution religieuse commis en Chine, même à l'égard d'un Chinois, et, à plus forte raison, la plus légère peine infligée à l'un de nos missionnaires, donne à la France le droit de protester et de demander satisfaction, tandis qu'en Cochinchine nous ne sommes munis d'aucun titre légal pour prévenir ou réprimer les plus cruelles persécutions, et que si nous avons incontestablement le droit de demander compte du sang de nos missionnaires cruellement massacrés, notre vengeance se fonde sur la nationalité des victimes et non sur leur qualité de prêtres catholiques. Convient-il de recourir aux moyens violents pour contraindre le gouvernement cochinchinois à lever l'interdiction qui s'oppose aux progrès du christianisme, et doit-on lui prêcher la tolérance à coups de canon? C'est à peu près ce qui a été conseillé. Je ne saurais partager cet avis. Une nation catholique qui consentirait à faire de la propagande religieuse à main armée risquerait de se voir entraînée bien loin. De la Cochinchine il faudrait aller au Japon, etc. Il ne serait donc pas équitable, et il pourrait être périlleux dans l'avenir, de motiver une expédition en Cochinchine sur l'intérêt du catholicisme. Les conquêtes de la foi doivent, au temps où nous sommes, s'accomplir par la persuasion, par le dévouement, par le sacrifice, et non par la guerre. S'il est vrai que le gouvernement ait songé à diriger une escadre vers les côtes de l'empire d'Anam, il aurait, comme on l'a vu plus haut, d'autres griefs à invoquer, et il serait en mesure de pousser jusqu'à la conquête les droits de la victoire. On pourrait alors occuper non-seulement la petite presqu'île de Touranne, mais encore une partie de la vallée qui s'allonge du nord au sud de la Cochinchine, entre les montagnes et la mer; la possession d'un seul port au fond de l'Asie n'ajouterait rien à l'influence française dans cette région : c'est sur un territoire d'une certaine étendue qu'il convient de planter notre drapeau, si l'on veut obtenir un résultat sérieux.

Les observations qui précèdent ne reposent que sur une hypothèse, car on ne sait pas encore exactement si l'expédition de France en Chine a reçu l'ordre de s'emparer d'un point ou d'un territoire quelconque. Ce que je me suis attaché à démontrer, c'est que les précédons de notre politique nous amènent naturellement à chercher une colonie dans ces contrées de l'Asie où se sont transportées depuis une vingtaine d'années des luttes d'influence auxquelles la France, dans l'intérêt de l'équilibre européen, ne saurait demeurer plus longtemps étrangère; c'est que cette colonie, fondée soit dans une île dépendante du Céleste-Empire, soit dans la presqu'île de Corée, soit en Cochinchine, soit encore dans l'une des grandes îles de l'archipel malais, si l'Espagne ou la Hollande consentait à nous céder une part de leurs droits sur les immenses territoires qu'ils y possèdent, doit être d'une étendue assez vaste pour que la résolution de la France éclate au grand jour, et que nous puissions attendre dans des conditions respectables les révolutions asiatiques dont l'Angleterre et la Russie sont déjà prêtes à recueillir les fruits; c'est afin que la politique française dans l'extrême Orient reparaisse et se relève. Quant au choix de la colonie, il dépend nécessairement d'informations précises sur les richesses du sol, sur l'hydrographie des côtes, sur le climat, etc., informations que le gouvernement seul est en mesure de faire recueillir, et qu'il ne puisera pas uniquement, il faut l'espérer, dans les récits des voyageurs.

Il est évident qu'un établissement de cette nature serait assez dispendieux et exigerait l'envoi d'un corps d'armée de plusieurs milliers d'hommes : il faut donc s'attendre à rencontrer de graves et nombreuses objections ; mais qu'y faire? Si nous voulons conserver notre rang dans le monde, ne sommes-nous pas condamnés à nous déplacer avec les événements, à suivre notre honneur et nos intérêts là où ils nous appellent, à porter nos forces et nos sacrifices partout où nous entraîne la concurrence des nations rivales? Il y aurait d'ailleurs, dans une colonie asiatique, de puissants éléments de prospérité qui compenseraient tôt ou tard une partie au moins de nos sacrifices. Le sol de cette région est généralement fertile, et sous une administration bien réglée il fournirait aux échanges d'abondants produits. On n'aurait pas à vaincre la grande difficulté qui arrête d'ordinaire, comme nous en voyons un exemple en Algérie, le début de la colonisation, à savoir la difficulté du peuplement; lors même que l'on s'établirait sur un point où la population serait insuffisante, il suffirait du moindre appel pour attirer l'émigration chinoise. Une colonie favoriserait notre commerce lointain et donnerait quelque activité à notre marine marchande. Ces avantages valent bien la peine d'être pesés, indépendamment des motifs politiques qui justifieraient la réapparition de la France en Asie. L'occasion semble propice. Le traité de commerce conclu avec le royaume de Siam en 1856, la tentative faite la même année pour ouvrir des rapports réguliers avec la Cochinchine, l'expédition de Chine, à laquelle notre escadre prend une brillante part, tout annonce que le gouvernement veut rendre à la France, dans ces parages éloignés, un rôle digne d'elle. Trop longtemps nous nous sommes contentés de protéger en Chine le catholicisme, comme il convient à la nation qui s'intitule fille aînée de l'église. C'est une noble tâche que nous serons fiers de continuer. Joignons-y cependant quelque souci de notre influence politique et de nos intérêts matériels. L'appui que nous prêtons aux chrétiens n'en sera que plus efficace, et la France réparera peut-être dans l'extrême Orient la perte, si amèrement regrettée, de son ancienne puissance dans l'Inde.

ISBN : 978-1719480826

9 781719 480826